AF248182

LA RÉPUBLIQUE

SERA

CHRÉTIENNE

OU

ELLE NE SERA PAS

Par M. JOUGLA

Auteur de *Relevons le Gant ; les Catholiques ; le Phylloxera*

Prix : 25 centimes.

PARIS

EN VENTE CHEZ L'AUTEUR

22, RUE DES GRANDS-AUGUSTINS.

—

1879

LA
RÉPUBLIQUE

SERA
CHRÉTIENNE
OU
ELLE NE SERA PAS

PAR M. JOUGLA

Auteur de *Relevons le Gant, les Catholiques et le Phylloxéra.*

Prix : 25 centimes.

PARIS
EN VENTE CHEZ L'AUTEUR
22, RUE DES GRANDS-AUGUSTINS

1879

I.

NON

L'Église ne périra pas.

Avant de prouver à nos adversaires que la République n'est pas possible en France si elle n'est pas chrétienne, disons en peu de mots ce qu'est cette même Église sans laquelle la République ne peut pas exister.

Nous avons déjà fait connaître, dans une précédente brochure, les qualités exceptionnelles des enfants de cette Église : les services qu'ils ont rendus dans tous les temps à notre patrie et le bien qu'ils ne cessent de faire aujourd'hui dans toutes les positions qu'ils occupent, par leur talent, leur puissance et leurs ressources inépuisables. Une société ainsi composée a une certaine valeur et mérite, je crois, quelque considération. Mais en dehors de ces précieux avantages, l'Église offre des garanties qu'aucune puissance humaine n'a jamais pu donner et ne pourra jamais donner : c'est qu'elle est d'origine divine. Oui, l'Église a été créée et fondée par la main même de Dieu, et c'est pour cela qu'elle ne peut pas périr. « Tu es Pierre, dit un jour le Christ, son divin fondateur, au pêcheur de

Galilée, tu es Pierre et sur cette pierre je bâtirai mon Église, que je te confie et qu'aucune puissance de la terre et de l'enfer ne pourra jamais détruire, car je serai avec toi jusqu'à la fin des siècles. »

Nous n'avons donc pas le moindre doute sur l'origine pas plus que sur la durée de cet édifice divin : Tel il était au commencement, tel il est aujourd'hui, tel il sera toujours : *Sicut erat in principio et nunc et semper*. Nous avons en outre les témoignages de tous nos apôtres et de vingt millions de martyrs qui ont donné leur vie pour confirmer cette vérité.

Quand donc on vient nous dire que l'Église a fait son temps, qu'elle est usée, qu'elle n'a plus sa raison d'être, nous ne nous en effrayons pas. On a dit cela si souvent. On le disait il y a trois siècles quand la Réforme armait la main des princes et des peuples contre elle. On le disait quand Voltaire et Rousseau sapaient, jusque dans ses fondements, la doctrine évangélique. On le disait quand la Révolution massacrait nos prêtres, renversait nos autels et substituait à la croix du Sauveur l'idole de la Raison.

Oui, on a dit cela très-souvent et sur tous les tons, et pourtant, n'en déplaise aux sinistres pronostiqueurs de tous les âges, l'Église est toujours là dans toute sa puissance. Elle a survécu au glaive des tyrans, à l'hérésie des apostats, plus dangereuse encore; enfin, à toutes les persécutions, à tous les tourments qui n'ont cessé de fondre sur elle depuis son origine. Si elle avait dû périr, il y a longtemps qu'elle ne serait plus, car on n'a rien épargné pour la détruire. Mais ni les coups, ni la prison, ni la mort n'ont pu l'ébranler.

Vous ne pouvez être ni plus cruels que les Néron, ni plus habiles que les Julien l'Apostat et autres hérétiques ou persécuteurs de la foi chrétienne. Que reste-t-il aujourd'hui du passage de ces tyrans qui, pendant trois cents ans, ont fait couler à flots le sang de nos martyrs? Que reste-t-il de toutes ces diverses sectes qui ont si souvent ravagé l'Église de Jésus-Christ? Que sont devenus les Ariens, les Nestoriens et autres hérétiques des premiers siècles? Tous ont disparu dans la nuit des temps, et l'Église reste sur son rocher inébranlable. Vous ne réussirez pas davantage à la renverser, qui que vous soyez, athées ou libres-penseurs. Si vous n'aviez pas l'histoire et l'expérience des siècles passés pour vous convaincre de l'inutilité de vos efforts, vous pourriez conserver quelque espoir. Mais vous le voyez vous-mêmes, l'hérésie a passé sur elle, le fer et le feu l'ont éprouvée tour à tour d'une manière bien cruelle, et cependant elle tient toujours ferme le drapeau que son divin Roi lui a confié. Tous vos sophismes tomberont de même devant la vérité catholique qui est une, sainte, éternelle.

Non, l'Église ne périra pas.

Il est vrai qu'elle subit dans ce moment une crise épouvantable, et nous aurions raison d'avoir peur si nous n'avions la parole même de notre divin Roi pour nous rassurer. Quand nous portons nos regards sur les divers points du monde catholique, nous apercevons en effet le triste et douloureux spectacle d'un amas immense de ruines causées par les cruelles perfidies de nos ennemis.

— Nous voyons le Père de la catholicité tout entière, notre vénéré Pontife enfermé dans un palais qui n'est plus que la prison de Pierre, moins les chaînes.

Nous voyons tous les droits de l'Église foulés aux pieds et violés, nos évêques exilés ou emprisonnés, nos temples profanés, nos prêtres insultés, nos couvents et nos monastères devenus la proie des ravisseurs. Nous voyons enfin la ville sainte entre les mains de l'athéisme et de l'impiété. Baal siégeant à côté du Christ, autel contre autel.

En considérant ce tableau lugubre, la vision d'Ézéchiel me revient à la mémoire. Le prophète fut transporté en esprit dans un vaste champ tout couvert d'ossements desséchés, et tandis qu'il contemplait avec effroi ce triste spectacle, il entendit une voix d'en haut qui lui dit : « Crois-tu que tous ces ossements ainsi dispersés dans la plaine puissent revenir à la vie ? » Et le prophète, reconnaissant la voix de Dieu, répondit avec assurance : « Oui, Seigneur, je le crois, parce que vous êtes tout-puissant. » Et à l'instant même un léger bruit se fit entendre de toute part, puis une commotion : *factus est et sonitus et ecce commotio*. C'étaient les ossements qui cherchaient à se réordonner pour former leurs corps primitifs. Les nerfs, les veines, les muscles, tous les membres revinrent à place, l'esprit pénétra en eux et tous les corps reprirent leur vie comme auparavant.

Cette vision annonçait au prophète la fin prochaine de l'esclavage d'Israël et son retour assuré dans les terres de la patrie.

En considérant, à notre tour, le vaste champ de décombres et de ruines accumulées avec les dépouilles de l'Église de Jésus-Christ, que répondrions-nous si Dieu venait nous dire : « Pensez-vous que toutes ces dépouilles puissent revenir à la vie ? » Avec plus d'assurance que le prophète, nous répondrions : « Oui, Seigneur, tous ces membres ressusciteront un jour, parce qu'ils appartiennent à l'Église de Jésus-Christ votre Fils, et que l'Église de Jésus-Christ ne doit pas périr. »

Ces ruines se relèveront en effet, mais auparavant elles éprouveront aussi leur commotion : *et ecce commotio*. Et la commotion paraît déjà. N'est-ce pas une commotion que l'agitation des peuples catholiques dans de si nombreux pèlerinages, malgré les difficultés qu'ils éprouvent et les railleries des méchants ? — N'est-ce pas une commotion que l'écho de ces. prières ferventes qui s'élèvent vers Dieu dans nos temples sacrés ? Et les tribunaux de la pénitence assiégés, et les tables eucharistiques mieux fréquentées, et ces œuvres de charité qui se multiplient de toute part, tout cela ne prouve-t-il pas que parmi les ruines de l'Église de Jésus-Christ, il y a commotion ? Que si les membres ne reviennent pas encore à place pour former leurs corps primitifs, c'est parce qu'ils en sont empêchés par les ouragans et les tempêtes qui reçoivent l'impulsion d'en haut et ne cesseront de battre le rocher de Pierre qu'il ne soit entièrement poli et purifié de toute souillure. Quand ces taches auront disparu, faudrait-il un peu de notre sang pour les laver, Dieu nous consolera, et à la présente commotion succéderont les triomphes futurs. Il tendra une main miséricordieuse à notre Mère affligée, et après l'avoir délivrée des chaînes dont l'ont chargée ses ennemis, il la couvrira d'un vêtement d'or et la fera asseoir comme une reine à la droite de son divin fondateur : *Astitit regina a dextris tuis in vestitu deaurato.*

-Oui, l'Église sortira de ses ruines plus glorieuse et plus belle que jamais. Elle nous apparaîtra au milieu de cette résurrection générale, resplendissante comme le soleil, un sceptre de fer dans la main et à ses pieds ses oppresseurs vaincus et humiliés.

A son aspect, les méchants seront saisis de terreur, tandis que ses enfants heureux et fiers chanteront enfin l'hymne d'actions de grâce : *Te Deum laudamus.... Te per orbem terrarum sancta confitetur Ecclesia.*

Ne dites donc pas que l'Église a fait son temps, parce qu'elle est aujourd'hui gémissante et dans la douleur. C'est l'heure des ténèbres, c'est la vôtre et vous en profitez, on le voit. Jésus-Christ lui-même a connu cette heure des ténèbres quand il s'est livré à ses ennemis au jardin de Gethsémani : « *Transeat a me calix iste,* s'est-il écrié dans un moment d'angoisse, que ce calice passe loin de moi. » Et cette heure si triste a passé, et le Christ, trois jours après, vainqueur de la mort, est sorti de son tombeau, plein de gloire, pour régner éternellement au ciel et sur la terre, *cujus regni non erit finis.*

Notre heure passera aussi et notre règne reviendra assurément. Seulement sachons attendre, chrétiens catholiques, soutenons le choc, *exspecta Dominum, sustine.*

Le triomphe des pécheurs ne sera pas éternel. Tout à l'heure ils vont se châtier eux-mêmes et disparaître. Quand ils périront vous verrez Dieu : *Cum perierint peccatores videbis.*

C'est donc en vain que vous cherchez à nous

effacer de la scène du monde, vous tous qui nous combattez avec tant d'acharnement, notre rôle n'est pas près de finir. Il doit se continuer jusqu'à la fin des siècles. Il est utile, il est nécessaire que nous soyons au milieu des enfants des hommes, pour les instruire, les éclairer et les guider dans la voie de la justice et de la vérité. « Allez, nous a dit notre divin Maître en nous quittant : enseignez toutes les nations au nom du Père, du Fils et du Saint-Esprit. Annoncez la vérité à vos semblables. Apportez-leur la lumière, la sagesse et la force que je vous ai communiquées moi-même. De ce jour je vous fais mes docteurs et mes apôtres : « *Docete, ite, vos estis sal terræ, lux mundi.* »

Telle est la mission sublime que nous avons reçue de notre divin Roi et que nous accomplissons depuis bientôt deux mille ans avec un certain succès, nous pouvons le dire, car nous avons fait le monde ce qu'il est.

Ce n'est donc pas nous qui sommes des rétrogrades, c'est vous, philosophes antichrétiens, qui, par vos maximes impies, nous ramèneriez bientôt aux siècles de barbarie. C'est vous qui, par la destruction de toutes les croyances non-seulement religieuses, mais même rationnelles admises dans tous les temps et chez tous les peuples, avilissez l'homme au point de le rendre entièrement semblable à la brute.

C'est vous enfin qui, en substituant le Dieu de Baal au Dieu des chrétiens, enlevez à l'homme toute sa dignité, toute sa grandeur, et le livrez ainsi à tous les caprices des plus honteuses passions. Que pouvez-vous espérer alors d'un être ainsi dégradé, et pourquoi aurions-nous fait tant de sacrifices et d'efforts pour moraliser les peuples, s'ils doivent retomber un jour dans leur état primitif? Ce qui arrivera certainement, si vous ne mettez un frein aux passions qui s'agitent autour de vous, et si vous ne placez pas Dieu et son Christ à la tête de la civilisation. Ce n'est que par ce moyen, je vous l'affirme, que vous sauverez la France et que vous conserverez vous-même le pouvoir.

Que si vous ne vous appuyez pas sur nos principes chrétiens, vous le perdrez infailliblement. Oui, la République sera chrétienne ou elle ne sera pas.

Nous allons vous le prouver.

II.

LA RÉPUBLIQUE

sera chrétienne ou elle ne sera pas.

La République sera conservatrice ou elle ne sera pas, dit un jour Thiers, son premier président. Il avait raison. Mais nous catholiques, nous aimons mieux l'appréciation de notre vénérable Cardinal qui a dit après lui : « La République sera chrétienne ou elle ne sera pas. » Parce qu'en effet elle ne peut pas être conservatrice si elle n'est pas chrétienne. « Si votre République n'est pas chrétienne, disait le général Lamoricière, elle ne fera pas de vieux os. »

Oui, la France est essentiellement chrétienne. Elle est et elle sera toujours la fille aînée de l'Église. C'est un privilége que la Providence semble lui avoir réservé malgré ses faiblesses et ses égarements. Elle porte dans son cœur ce germe de la foi qui la sauvera de tous les périls. Oui, nous sommes, par nature, catholiques français, enfants de l'Église et de la France, prêts à tous les sacrifices pour l'une comme pour l'autre, prêts aussi à accepter tous les gouvernements qu'on nous donnera, pourvu que la cause de Dieu et de son Église n'en souffre pas.

Peu importe en effet à l'Église la forme des États, république ou monarchie. Elle vit avec tous. Du reste, n'y a-t-il pas, dans ce moment, des républiques où l'Église est libre, où elle est prospère, et des monarchies, au contraire, où l'Église souffre et est indignement persécutée? — Soyez légitimistes, orléanistes, républicains ou bonapartistes, mais ne soyez pas hostiles à notre foi, c'est tout ce que nous vous demandons. Ce que nous voulons avant tout, c'est le triomphe de la foi, c'est le règne de Jésus-Christ en France, parce que lui seul peut lui donner la paix. Oui, Jésus-Christ, voilà notre véritable Roi pour nous chrétiens.

Quant aux autres, nous ne les désirons, nous ne les aimons qu'autant qu'ils aiment le nôtre et qu'ils lui rendent les hommages qui lui sont dus, comme autrefois les mages de l'Orient.

Du reste, jamais en France un autre souverain ne régnera. Tous ceux qui se sont révoltés contre le Christ ou contre son Église sont tombés et ont disparu misérablement. Nous en avons de terribles exemples.

Lorsqu'en 1848 la République, conséquente cette fois avec ses principes, nous donna la liberté d'enseignement que celle de 1879 menace de nous reprendre, je me souviens avoir entendu le Révérend

Père Provincial de la Compagnie de Jésus, le Père Maillard, s'écrier dans une de ses conférences intimes à Toulouse: «Vive la République! » Et comme tous ses auditeurs paraissaient étonnés : « Oui, s'écria-t-il de nouveau, vive la République! puisque, grâce à elle, nous avons la liberté d'enseignement que les autres gouvernements nous refusaient. » Et ce sont ces mêmes hommes que l'on maudit comme des êtres dangereux. Respectez donc tous nos droits, toutes nos libertés, et nous serons avec vous, qui que vous soyez. Il est évident cependant que nos préférences sont et seront toujours acquises au pouvoir qui nous donne le plus de sécurité, et cela se comprend. Tout autre nous le subissons, mais nous ne pouvons pas l'aimer.

C'est donc à vous, Messieurs les Républicains, d'être assez sages pour mériter nos sympathies ; or, malheureusement, vous faites tout le contraire.

Ce ne sont point, en effet, nos opinions politiques que vous combattez aujourd'hui; ce n'est point parce que nous appartenons à tel ou à tel parti, c'est parce que nous sommes catholiques. Le cléricalisme, voilà le mal, a dit un de vos chefs bien connu. Et un autre, la République sera anticléricale ou elle ne sera pas.

Ce sont nos convictions religieuses, c'est notre foi, c'est notre Dieu que vous attaquez sur tous les points à la fois. Ce sont les personnes et les choses saintes que vous insultez publiquement. Toute une troupe d'écrivains. parmi lesquels des hommes, en ce moment sénateurs ou députés, sont à l'œuvre pour outrager le catholicisme. On étale partout le plus grossier matérialisme, la haine la plus furieuse contre la religion chrétienne. On fait assaut de sottises et de mensonges pour la combattre. Réunions électorales, programmes des radicaux dans les comités, discours et professions de foi des candidats, tous ont poussé le même cri, un cri de guerre, la guerre au christianisme. Or, je vous le demande, est-ce là de la politique, et peut-on nous accuser de conspirer contre l'état des choses lorsque nous élevons la voix contre toutes ces attaques? Le catholique, à quelque parti qu'il appartienne, peut-il rester indifférent devant tant d'injures et d'outrages? Non, non, ce serait donner raison à l'impiété et notre silence serait plus qu'une faute, ce serait une lâcheté. un crime. Pendant qu'il en est temps encore, nous opposerons une digue puissante au flot qui monte et menace de nous engloutir. Dussiez-vous nous couper la tête comme Hérode à saint Jean, nous vous répondrons hardiment comme le prophète : *Non licet*, toutes les fois que vous porterez atteinte aux lois de Dieu et de son Église. Comme lui nous vous reprocherons vos fautes ou vos scandales, de quelque nature qu'ils soient. Nous dévoilerons vos complots. Nous combattrons vos projets impies. Oui, aux peuples et aux souverains, comme aux républiques, nous aurons le courage de dire la vérité tout entière. Est-ce que Jésus-Christ lui-même ne la disait pas aux grands de la Judée quand il leur reprochait en face leur orgueil et leur dureté envers le peuple, car Jésus-Christ aimait le peuple autrement que vous, Messieurs; il le prouvait par des actes et non par des paroles : j'ai pitié de la foule, disait-il à ses apôtres.

L'homme-Dieu, si généreux et si compatissant pour les malheureux, ne craignait pas d'élever la voix contre les puissants de la terre qui abusaient de leur pouvoir et de leur supériorité.

Nous ne faisons donc que notre devoir en protestant nous-mêmes contre les injustices dont on nous accable. Nous ne faisons qu'user de nos droits de chrétiens et de Français. Toutes les fois que nous verrons notre patrie et sa religion en danger, nous devons les défendre.

Et ne dites pas que les affaires de ce monde ne nous regardent pas, que le domaine de la politique n'appartient qu'à vous. Sous ce prétexte ridicule vous voudriez nous reléguer dans nos églises où vous viendriez encore contrôler nos actes et nos paroles. Vous ne voudriez plus de nous dans vos conseils, dans vos administrations, dans la magistrature, dans l'école, bientôt même dans nos armées où pourtant nous vous sommes parfois bien utiles, avouez-le. Et quand un des nôtres élève la voix pour protester contre de telles prétentions, c'est un *tolle* général dans tous les rangs : on crie à l'empiétement. Ainsi, élever nos enfants suivant nos principes divins, au lieu d'accepter les principes du jour parmi lesquels cependant se trouve la liberté de croire ce que l'on veut, c'est de l'empiétement. Enseigner aux hommes la loi morale basée sur la doctrine évangélique que l'on enseigne dans le monde entier, c'est de l'empiétement. Prémunir les esprits contre les erreurs des temps modernes et chercher à les ramener dans la véritable voie du salut et du progrès, c'est de l'empiétement. Enfin tout est empiétement de notre part, nos paroles, nos actes, bientôt même notre existence. Mais c'est plutôt vous qui cherchez à empiéter sur tous nos droits religieux et civils! qui voudriez soumettre l'Église à tous vos caprices! faire de nos prêtres et de nos évêques des apostats salariés! imposer à nos consciences des lois et des doctrines sacriléges! nous dépouiller enfin de tous nos biens tant spirituels que temporels! Ce que vous avez laissé faire à Rome, il y a quelques années, vous le ferez bientôt à nous-mêmes en France, nous nous y attendons. Par suite d'une guerre désastreuse à laquelle nous avons participé de nos propres deniers et de notre sang, notre Souverain Pontife se trouve aujourd'hui dépouillé de tous ses états et sous la domination d'un gouvernement qui lui est hostile. Il est même menacé dans son indépendance spirituelle qui lui est cependant indispensable dans l'intérêt même de la foi. Le Pape en effet, pour étendre le règne de Jésus-Christ sur la terre, ainsi qu'il en a reçu la mission, a besoin de toute son indépendance. Il faut à la papauté un siége qui ne soit menacé par aucun parti, à l'abri de toute violence ; que la parole du Souverain Pontife puisse sortir librement des limites d'un État et s'étendre sans contrainte dans tous les autres États où se trouve un seul enfant de l'Église catholique ou universelle. Dès l'origine, les choses ne se passaient pas ainsi assurément ; mais l'Église était encore dans l'enfance. Elle ne comptait qu'un certain nombre de membres. Aujourd'hui que la mère est devenue grande et puissante et que ses enfants se sont multipliés comme les grains de sable sur les bords de la mer, il faut une direction, une lumière qui aille droit à eux pour les éclairer et les fortifier dans la foi. Il faut enfin une communion d'idées et de sentiments entre tous, de manière à ne faire ensemble qu'un seul et même troupeau sous un seul et même pasteur : *unus pastor, unum ovile*. C'est cette unité catholique que nous voulons et non des sceptres et des couronnes qui se brisent. Nous savons parfaitement que notre royaume n'est pas de ce monde. Nous visons plus haut.

Non, non, notre ambition n'est pas de posséder les biens de ce monde, ni de gouverner les États comme on nous accuse injustement, mais d'étendre, par tous les moyens, le règne de Jésus-Christ sur la terre, ainsi que nous l'avons dit au commencement, parce que Jésus-Christ seul peut donner la paix au monde.

Ce n'est pas sans de grands efforts que nous arriverons, nous sommes prévenus. Nous savons que nous aurons à lutter toute notre vie contre les puissances de la terre et de l'enfer réunies. Mais nous savons aussi que nous remporterons toujours la victoire : c'est ce qui fait notre force.

Dans ce moment même la lutte est engagée dans notre propre pays sur tous les points à la fois. Nous sommes menacés dans tous nos droits les plus sacrés. Suppression du budget des cultes; séparation de l'Église et de l'État; suppression de l'enseignement catholique, enseignement laïque et obligatoire; expulsion des religieux et religieuses. Tels sont les projets de nos ennemis, sans compter ceux que nous ne connaissons pas. Car ils ne s'en tiendront pas là. Ce n'est qu'un pas, une première étape dans leur marche en avant. Ils iront lentement, disent-ils, mais sûrement. Ils n'osent pas encore réaliser tout leur programme, parce qu'ils savent que la France reculerait épouvantée, mais eux ne reculeront pas. Leurs paroles et leurs actes le disent assez. Non, non, il n'y a pas d'illusion à se faire sur les desseins de nos adversaires, et ceux qui ne voient pas le danger, c'est qu'ils ne veulent pas le voir.

Ce n'est pas un cri d'alarme que nous faisons entendre, Dieu nous garde. Mais quand une nation en arrive à ce degré d'égarement, que les coups de foudre au lieu de l'éclairer l'aveuglent, qu'elle ne sent plus le mal qui la dévore, quand on appelle le bien mal et le mal bien, et qu'on prend le poison pour le remède. Quand, de plus, l'ennemi trouve des dupes et des auxiliaires dans ceux-là même qu'il menace et qui devraient réunir contre lui tous leurs efforts, n'y a-t-il pas lieu de se demander si une telle nation est guérissable et si le mouvement lent ou rapide qui l'emporte aux abîmes n'est pas devenu irrésistible?

Est-il possible de demeurer les bras croisés en présence du péril qui nous menace tous, car ce n'est pas seulement notre religion que l'on attaque, c'est la famille, c'est la société tout entière, et c'est sous le règne de la République, dit gouvernement libéral, que tout cela se passe, et vous voulez que nous acclamions un pareil régime; vous voulez nous obliger de chanter dans nos temples : Seigneur, bénissez la République! Lorsque sous son règne on crie partout, guerre au catholicisme, guerre à l'Eglise, guerre à Dieu. Lorsqu'enfin on porte atteinte à tous nos droits religieux et civils. Est-ce là cette République aimable que vous nous promettiez ? changez donc votre enseigne.

Eh bien ! Messieurs, puisque, au lieu de rechercher notre alliance et notre appui, vous nous repoussez, vous nous maudissez, je vous le répète, en finissant, avec la plus profonde conviction, votre République tombera, oui, elle tombera. Encore une fois, elle sera chrétienne ou elle ne sera pas. Elle vivra avec nous ou elle s'éteindra. Son existence est attachée à la nôtre. Oui, Messieurs les Républicains, si vous persistez dans la voie où vous vous êtes engagés, si, au lieu de vous appuyer sur nous, vous nous combattez, vous disparaîtrez comme ont disparu tous ceux qui nous ont combattus avant vous. Nous sommes les architectes mêmes de Dieu. Sans nous, c'est comme si vous bâtissiez sur le sable, votre édifice croulera ; je vous le prédis : *nisi Dominus ædificaverit domum in vanum laboraverunt qui ædificant eam.*

Quand et comment cela arrivera-t-il ? Je l'ignore. Tout ce que je sais, c'est que Dieu, souvent, se sert des moyens les plus simples pour accomplir ses desseins. Il a suffi d'une petite pierre lancée par la main du berger David pour terrasser le géant Goliath.

Il faudra bien moins pour renverser un pouvoir qui n'est pas déjà si fort. Le moindre souffle suffira.

Lui-même, de ses propres mains, déchirera ses entrailles. Oui, c'est vous, Républicains, qui perdrez la République par vos excès mêmes. Pour nous, nous n'avons qu'à attendre.

« Le long enchaînement des causes particulières qui font et défont les empires, dépend des ordres secrets de la divine Providence, dit Bossuet. Dieu tient du haut des cieux les rênes des Etats. Il a tous les cœurs dans sa main. Tantôt il retient les passions, tantôt il leur lâche la bride, et, par là, il remue tout le genre humain. Tantôt il éclaire la sagesse humaine, tantôt il l'aveugle, il la précipite, il la confond par elle-même. Il redresse quand il lui plaît le sens égaré et celui qui insultait à l'aveuglement des autres tombe lui-même dans d'épaisses ténèbres.

« *C'est lui qui donne et qui ôte la puissance, qui la transporte d'un homme à un autre, d'un peuple à un autre pour nous montrer qu'ils ne l'ont tous que par emprunt et qu'il est le seul en qui elle réside naturellement.* »

C'est ainsi que Dieu gouverne les nations. Cependant nous, ses sujets fidèles et dévoués, nous sommes pour quelque chose dans ses décrets éternels. Nous pouvons agir auprès de lui par des œuvres de salut et surtout par la prière. Nous devenons ainsi ses coopérateurs. J'ai dit, dans une autre brochure, qu'il ne suffisait pas de prier, mais qu'il fallait surtout agir. Cependant, l'action et la prière vont ensemble. Prions donc, chrétiens catholiques, prions pour nos malheureux égarés, prions même pour nos ennemis. La prière est une arme qu'ils ne connaissent pas. Nous avons cet avantage sur eux.

La parole est une épée à deux tranchants, difficile à manier, tandis que la prière est à la portée de tout le monde, et elle est souvent plus puissante aux yeux de Dieu que les discours les plus éloquents.

N'est-ce pas à la prière de Jeanne d'Arc plus encore qu'à la force des armes que la France a dû sa délivrance ? N'est-ce pas à la prière de sainte Geneniève que Paris a été préservé d'une ruine certaine? Nos braves Parisiens ne l'ont pas oublié : témoins ces foules qui, tous les ans, viennent offrir leurs pieux hommages à leur bien-aimée patronne.

Lorsque les Hébreux dans le désert étaient décimés par la peste, ne leur suffisait-il pas de regarder le serpent en croix pour être guéris?

L'armée de Moïse n'était-elle pas triomphante pendant que ce prophète avait les bras tendus sur la montagne sainte ? Ne pouvons-nous pas davantage maintenant que nous avons un médiateur plus puissant, le Christ Jésus, dont le prophète n'était que la figure ?

Courage donc et confiance, chrétiens catholiques, la victoire est à nous si nous savons intéresser Dieu à notre cause par toute sorte de bonnes œuvres. Ayons aussi les yeux fixés sur la croix dans la terrible lutte que nous avons à soutenir. C'est de là que nous viendra le salut.

Pendant que l'armée de Constantin était aux prises avec l'armée ennemie, la croix du Sauveur apparut dans les cieux avec cette inscription : *In hoc signo vinces*, par ce signe tu vaincras, et Constantin gagna la bataille, et Rome devint définitivement le siége de l'Eglise.

Sous ce même signe tout puissant, soldats de Jésus-Christ, continuons à combattre vaillamment. S'il est pour nous le drapeau du combat, il sera aussi le drapeau de la victoire. Amen.

PARIS. — IMP. V. GOUPY ET JOURDAN RUE DE RENNES, 71.

PARIS. — IMP. V. GOUPY ET JOURDAN, RUE DE RENNES, 71.